DIE KATHEDRALE VON GRANADA

Miguel López Rodríguez

EDICIONES
Aldeasa

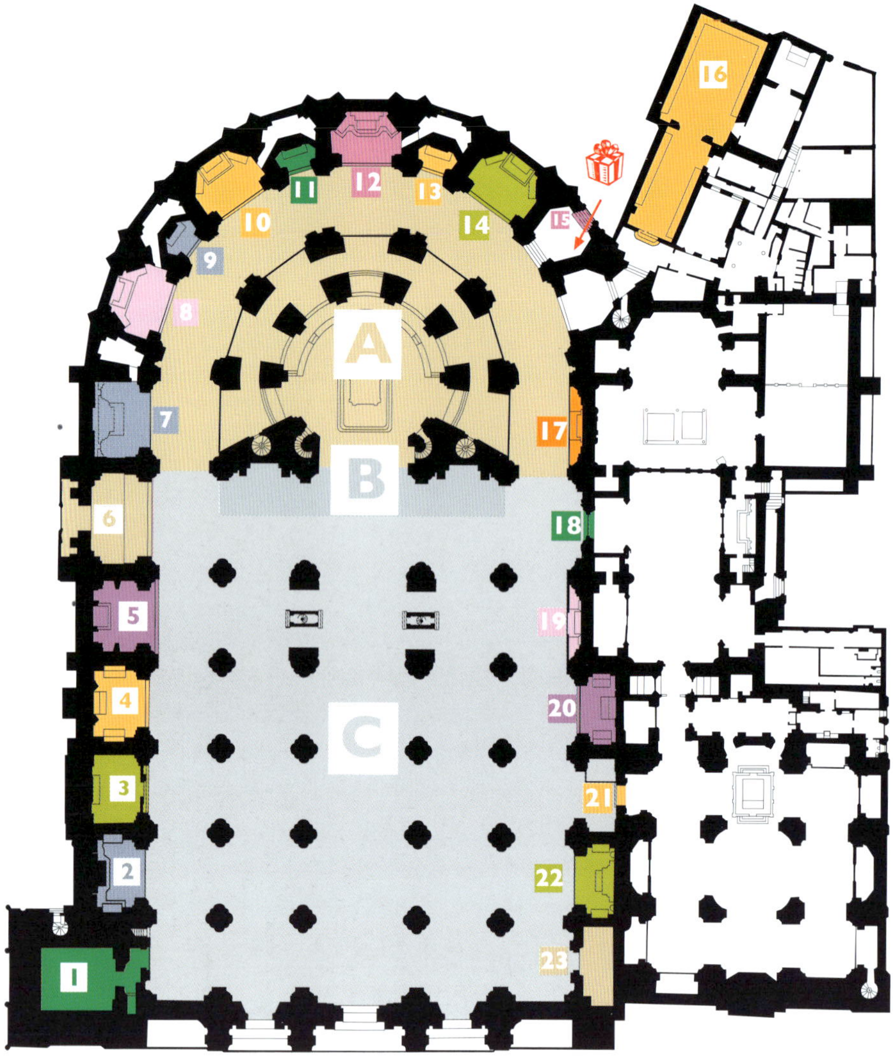

Hauptfassade

1. Portal und Fuß des Turmes (Museum)
2. Capilla de la Virgen del Pilar
3. Puerta de San Jerónimo
4. Capilla de Nuestra Señora del Carmen
5. Capilla de Nuestra Señora de las Angustias
6. Puerta del Perdón
7. Capilla de Nuestra Señora de la Antigua
8. Capilla de Santa Lucía
9. Capilla del Cristo de las Penas
10. Capilla de Santa Teresa
11. Capilla de San Blas
12. Capilla de San Cecilio
13. Capilla de San Sebastián
14. Capilla de Santa Ana
15. Puerta del Ecce Homo
16. Eingang zur Sakristei und Sakristei
17. Retablo de Santiago
18. Puerta de la Capilla Real
19. Retablo de Jesús Nazareno
20. Capilla de la Santísima Trinidad
21. Zugang zur Iglesia del Sagrario
22. Capilla de San Miguel
23. Puerta del Cotarro

DIE KATHEDRALE VON GRANADA

DIE INSTITUTION DER KATHEDRALE

Den Kapitulationsbedingungen gemäß, die zwischen den Katholischen Majestäten und dem Maurenkönig Boabdil vereinbart worden waren, blieb Granada, das am 2. Januar 1492 dem Königreich Kastilien einverleibt worden war, eine moslemische Stadt.

Doch machte sich vom ersten Augenblick an die christliche Religion der Sieger bemerkbar. Verschiedene Moscheen wurden dem Christentum geweiht, und Kardinal Pedro González de Mendoza, Erzbischof von Toledo, schuf am 21. Mai 1492 – dem Gründungstag der Kathedralen von Guadix und Almería – durch einen päpstlichen Erlass, die erzbischöfliche Kirche Santa María de la Encarnación de Granada.

EINE „WANDERKATHEDRALE“

Solange an der endgültigen Kathedrale gebaut wurde, hatte die Institution der Kathedrale drei provisorische Sitze.

Anfangs war sie in der Königlichen Moschee der Alhambra untergebracht. In dieser dreischiffigen, 60 Fuß langen und 50 Fuß breiten Moschee wurden die nötigen Reformen ausgeführt, um sie dem christlichen Kult anzupassen.

Schon wenige Jahre später, gegen 1495, wurde die Kathedrale in eine neu erbaute Kirche im Judenviertel verlegt. Diese war gotisch, einschiffig, und mit je sechs Seitenkapellen. Daneben residierten der Erzbischof und das Domkapitel.

Damals fand der erste Aufstand der Einheimischen dieses Reiches statt (Dezember 1499). Als Bestrafung dafür mussten sie ihre Güter und Häuser verlassen oder zum Christentum übertreten. Die meisten ließen sich lieber taufen, und aus dem moslemischen Granada wurde eine Moriskenstadt. Als nächstes wurde ein Großteil der Moscheen, die als solche nun überflüssig waren, christlich geweiht und in Kirchen umgewandelt, und man bat, die Kathedrale in die Hauptmoschee der Stadt verlegen zu dürfen. Papst Alexander VI. erteilte sehr schnell (8. Oktober 1502) die Genehmigung dafür. Aus Respekt gegenüber Erzbischof Fray Hernando de Talavera, der die Gefühle der getauften Mauren nicht verletzen wollte, erhielt die Kathedrale ihren neuen Sitz jedoch erst einige Monate nach seinem Tode, am 14. Mai 1507. Über fünfzig Jahre, bis 17. August 1561, befand sich die Kathedrale in dieser Moscheekirche, dann zog das Domkapitel in die heutige, damals allerdings noch im Bau befindliche Kathedrale.

DIE KIRCHE ALS KATHEDRALE

Die Kathedralenkirche von Granada symbolisierte den Triumph des Christentums über den Islam. Nach nahezu acht Jahrhunderten moslemischer Herrschaft (711-1492) hielt man es nur für gerecht, dass der christliche Glaube in dieser Gegend wieder Fuß fassen konnte, wo er tief verwurzelt gewesen war. Daher brachte man an einem der Portale (Portal del Perdón) eine Tafel an, gehalten von den Figuren des Glaubens und der Gerechtigkeit, mit folgender lateinischer Inschrift: „Nach siebenhundert Jahren moslemischer Herrschaft übergaben wir diese Völker den Katholischen Königen; wir bewahren in diesem Tempel ihre Körper

Die großen Orgeln im Mittelschiff, vom Haupteingang der Königskapelle her gesehen.

und tragen ihre Seelen zum Himmel, denn sie haben gerecht und gläubig gehandelt. Wir haben Ferdinand zum ersten Prälaten gemacht, als Vorbild an Weisheit, Sitten und ehrbarem Leben". Andrerseits erhielt das zweite Projekt der Kathedrale auch eine „politische" Bedeutung: Man wollte in ihr den Gedanken des Imperiums Karls V. zum Ausdruck bringen (wie auch im Palast der Alhambra) und sie außerdem zur Grabstätte der Habsburger Herrscher machen.

Der Bau

Granada sollte eine Kathedrale haben, „wie es sich für eine so berühmte Stadt schickte". Königin Isabella I. drängte das Domkapitel zu ihrem Bau, erwähnte in ihrem Testament jedoch nur die Gründung und Vollendung einer Grabkapelle.

Nach dem Tode der Königin gab König Ferdinand die Pläne für die künftige Kathedrale in Auftrag; und wenig später ernannte man Enrique Egas zum Baumeister. Die Bauarbeiten begannen mit der Grabkapelle, die 1517 beendet war. Währenddessen erwarb man unter Schwierigkeiten die Häuser, die abgerissen werden sollten, um somit die erforderliche Fläche zu erhalten. Am 25. März 1523, dem Tag der Inkarnation, wurde der Grundstein für die Kathedrale von Granada gelegt. Einige Jahre lang arbeitete man an einem der Kathedrale von Toledo nachempfundenen Projekt. Als 1528 die Bauarbeiten unterbrochen und Enrique Egas entlassen wurde, stand die Außenmauer und die Fundamente des Altarraumes waren gelegt.

Die Unzufriedenheit mit dem gotischen Entwurf, der Vorsatz, ein Mausoleum zu bauen, das der kaiserlichen Pracht Karls V. entsprach – denn dieser hatte den Wunsch geäußert, in der Kathedrale bestattet zu werden und nicht in der Königskapelle (die seiner Meinung nach „aufgrund ihrer Enge und Dunkelheit eher einer Krämer – als einer Königskapelle glich") –, aber vor allem der Beschluss von Erzbischof Fray Pedro Ramiro de Alba bewirkten, dass Diego de Siloé als Baumeister benannt und beauftragt wurde, ein neues Projekt zu schaffen.

Siloé respektierte die von Egas vorgegebenen Maße, 115 Meter Länge und 65 Meter Breite, entwarf aber eine originelle Kirche, die in zwei Räume aufgeteilt ist: den Chorabschluss und die Basilika, durch das Querhaus miteinander verbunden. Das Transept konnte außerdem als eigenständiger Zugang von außen durch die Puerta del Perdón zur Königskapelle genutzt werden. Der Chorabschluss, ein Rundbau, wie ein großer Tempel, sollte gleichzeitig Altarraum und kaiserliche Grabstätte sein. Der quadratische Teil der Basilika sollte in der Mitte seiner fünf Langschiffe ein griechisches Kreuz aufweisen, gebildet aus der Vierung der beiden höheren Hauptschiffe, mit einer Kuppel darüber. (Diese Aufteilung in zwei verschiedene Bauten ist heute noch an den Dächern sichtbar, jedoch von innen nicht einfach zu erkennen, wegen der nachträglich ausgeführten Veränderungen).

Damit verließ Siloé das gotische Schema mit fünf Schiffen (Grundriss einer Basilika, kleiner Altarraum und zwei Chorumgänge) und stellte stattdessen zwei auf die Mitte zu laufende Räumlichkeiten nebeneinander, die eigentlich den beiden Arten der Frühkirchen entsprechen, dem Rundbau und der Kirche

Enrique Egas: Haupteingang zur Königskapelle, ausgeführt von Jorge Fernández (1527).

mit Grundriss eines griechischen Kreuzes, wie sie in der Renaissance üblich wurden (in

Gotisches Schema *Schema Siloés*

der Gegenreformation kam man wieder auf den Grundriss der Basilika zurück).

Als Karl V. erfuhr, daß das neue Projekt der Kathedrale in „römischem" Stil gehalten sei, äußerte er sich besorgt über den Kontrast mit der bereits im Stil der Gotik erbauten Königskapelle. Das Domkapitel entsandte Siloé selbst zum Königshof, um dort „seine Arbeit und Absichten" zu verteidigen.

Siloé begann mit der Ausführung seines Projektes 1529 (zuvor hatte er ein Modell erstellt, um zu beweisen, dass das Bauwerk im neuen Stil geschaffen und dabei der von Egas erbaute Teil genutzt werden könne). In den ersten zehn Jahren errichtete er den Chorumgang und die Kapellen des Chorabschlusses, mit Rippengewölben wie im Mittelalter. Danach schuf den Altarraum (1558 beendet). Siloé selbst leitete das Programm für die Glasfenster; er fertigte sogar Skizzen für einen Großteil davon an (ein weiteres Zugeständnis an das Mittelalter: mit dem gedämpften Licht durch die farbigen Fenster wollte er einen mystischen Halbschatten schaffen). Die Anfertigung der Fenster selbst oblag Juan del Campo und Teodoro de Holanda.

Als der Rundbau fertiggestellt war, trennte man ihn durch eine Mauer vom Rest des Gebäudes ab und benutzte ihn bereits für den Gottesdienst (1561), während die Bauarbeiten an den Längsschiffen vorangingen.

1563 starb Siloé. Er hinterließ den fertigen Chorabschluss, die fundamentierten Mauern der ganzen Kirche und sogar die Pfeiler im Teil der Basilika. Ihm folgte sein Lieblingsschüler, Juan de Maeda. Unter ihm (1564-76) gingen die Arbeiten sehr langsam voran; es wurde nur der erste Turmabschnitt gebaut. Nach etlichen erfolglosen Neuernennungen, Bewerbungen und Gerichtsverfahren übernahm Ambrosio Vico, der seit 1575 schon eine führende Stellung innehatte, das Projekt. Sein Wirken war insofern entscheidend, als es einen Einschnitt in die bisher relativ kohärente Bauweise nach den Plänen Siloés bedeutete. Vico beendete den zweiten Teil des Turmes, zog den dritten hoch und begann mit dem vierten achteckigen Abschnitt, den man kurz danach wieder abreißen musste, da er drohte, die gesamte Struktur zu ruinieren. Also verstärkte man den Turm und ließ ihn ohne Spitze, wie er heute noch steht. Vico baute die Schiffe in Lang- und Querhaus, und zog ihre ersten Gewölbe ein, allerdings – aus Sicherheitsgründen – gotische, anstatt „römische", wie von Siloé vorgesehen. Als letztes führte er die Nordfassade mit der Puerta del Perdón weiter, deren ersten Abschnitt bereits Siloé entworfen und errichtet hatte. Vico, „maestro mayor" (1582 - 1588) und Leitender Baumeister (1588 - 1623), folgten die Meister Ginés Martínez (der kurz nach seiner Ernennung starb), Juan de Aranda (der mit der Kathedrale von Jaén so beschäftigt war, dass er hier nahezu nichts tat), Miguel Guerrero (der die fehlenden Gewölbe im Querschiff einzog, das dazu parallele Schiff baute und die Bedeckung der linken Kapellen beendete), Alonso Cano (der wegen des

Die Heilige Dreifaltigkeit. Mittlere Fensterrose an der Hauptfassade, von innen.

Entwurfes, den er für die Hauptfassade – abweichend von dem Projekt Siloés – vorlegte, zum „maestro mayor" ernannt wurde und im Jahr seiner Ernennung starb), José Granados de la Barrera (der die von Alonso Cano entworfene Hauptfassade, die rechten Kapellen und einen Teil der Vierungskuppel verwirklichte), Teodoro Ardemans, Melchor de Aguirre, Zurita, Francisco de Castillo (der die von Granados begonnene Kuppel so ungeschickt zu Ende führte, dass man sie wieder abreißen musste), Francisco Otero und Francisco Rodríguez (die die Kuppel durch ein Gewölbe ersetzten). Mit dem Abschluss der letzten Gewölbe, 1704, wurde der Bau für beendet erklärt, 181 Jahre nach der Grundsteinlegung. Später arbeitete man nur noch an Ausstattung und Dekoration.

Ergebnis und Beurteilung

Wie viele andere bedeutende Bauwerke ist die Kathedrale von Granada, wie wir sie heute sehen, nicht sofort ihrer Planung entsprechend vollendet worden, sondern das Ergebnis eines langwierigen Bauprozesses: Man begann mit einem spätgotischen Entwurf, übernahm später einen aus der Renaissance („römische Art"), kehrte bei den Gewölben zur Gotik zurück, baute eine barocke Hauptfassade an; und die Ausstattung erfolgte nach dem jeweiligen Zeitgeschmack der Kunst.

Hier spiegeln sich politische Konflikte wider, Stiländerungen, institutionelle Probleme, religiöse Verpflichtungen und funktionale Anpassungen (vor allem beim Domherrenchor – er wurde viermal versetzt, und dem Hauptaltar).

Einige wollten in dieser Kathedrale eine gotische Kirche in Renaissanceverkleidung sehen; andere, ein Beispiel für den Übergang von der Gotik zur Renaissance. In Wirklichkeit ist es eine Renaissancekirche, die von Siloé auf einem gotischem Grundriss geplant und danach vom Baustil und der Dekoration her so verändert wurde, dass sie einer Kirche des Mittelalters gleicht.

Laut der völlig widersprüchlichen Äußerungen über die Kathedrale handelt es sich hier um „ein Wunderwerk" oder auch um einen „geschmacklosen, unproportionierten Steinhaufen".

BESUCHSFÜHRER

Die Kathedrale von innen

In der Kathedrale überraschen Höhe, Licht und weiße Wände.

Die Höhe ist für einen Renaissancebau untypisch: Siloé erzielte sie durch den zwei Abschnitte hohen Altarraum mit der zusätzlichen Kuppel darauf. Bei den Schiffen stellte er zunächst das gesamte Bauwerk, Mauern und Stützen, auf ein hohes Fundament, eine Art Podium, und setzte auf die normale Höhe, abgetrennt durch ein Gesims, einen zusätzlichen Abschnitt mit bearbeiteten Pilastern, dem die Gewölbebogen entspringen. Die Pfeiler sind an den vier Seiten von Halbsäulen umgeben, was sie letztlich wie freistehende Säulen erscheinen lässt.

Kopfteil und Basilika haben unterschiedliche Beleuchtung. Der Rundbau, etwas dunkler bereits durch die Beschaffenheit seiner Mauern, erhält durch die Fenster diffuses Licht, das von der vergoldeten Ausstattung farbig

Rippen des Kreuzrippengewölbes.

zurückgeworfen wird. Die Basilika dagegen ist von natürlichem Licht hell beleuchtet. War das von Siloé so geplant oder ein Werk seiner Nachfolger? Da letztere zum Rippengewölbe zurückkehrten, könnte man annehmen, dass sie, zugunsten eines neuen Konzeptes für den Innenraum, auf die farbigen Fenster verzichteten. Man zog damals natürliches Licht für die Kirchen vor, da der mystische Wert „künstlichen" Lichtes durch die farbigen Fenster verloren gegangen war. Außerdem war die Glaserkunst nicht mehr Teil der Kirchenarchitektur und verlor sich zusehends. Von den 98 Fenster oben in den Wänden der Kathedrale von Granada sind 62 blind und nur 36 offen und mit weißem Glas versehen. Das helle, weiße Licht der Schiffe steht im Gegensatz zu dem warmen, schimmernden Licht des Rundbaus.

Über die weißen Wände, deren Gipspaste Grautöne hinzufügt, gibt es unterschiedliche Versionen: Einige glauben, dass man damit nur eine Vergoldung, wie im Altarraum, vorbereitet habe; andere sagen, dass dies die Dekoration der damaligen Bauten gewesen sei und Diego de Siloé es so geplant habe. Für die Baumeister der Renaissance habe das geweißte Innere praktischen Wert gehabt (hier z. B., um den verschiedenen Materialien, wie Stein, Mörtel und Backstein, dieselbe Farbe und dem Stein Halt zu verschaffen), einen ästhetischen Wert (so gab man dem Bauwerk die edle Farbe weißen Marmors und verstärkte den lichten Effekt) und schließlich einen theologischen Wert (da hier nicht, wie im Mittelalter, Mysterium und religiöse Andacht im Mittelpunkt standen, sondern der Ruhm Gottes und die Freude über die Rettung, was sich in hellem Weiß und Gold ausdrückte).

A. Chorabschluss

Der Chorabschluss ist der wichtigste Raum des Bauwerkes. Für Rosenthal ist er „einer der außergewöhnlichsten Sakralbauten der Renaissance in Europa und eine der bedeutendsten Raumschöpfungen jener Zeit".

Es ist ein Rundbau mit drei konzentrischen unterschiedlich hohen Räumen: Rundhalle, Chorumgang und Radialkapellen.

In der Rundhalle, in Form eines großen Zylinders mit 22 m Durchmesser und 45 m Höhe, liegt der Altarraum. Sie ist in zwei Höhenabschnitte gegliedert, und darüber wölbt sich die halbkugelförmige Kuppel; mit Reliefs verziertes Simswerk trennt die Abschnitte voneinander. Die Halbsäulenvorlagen der Pfeiler setzen sich in den Gewölberippen der Kuppel fort. Durch hohe Bogen zwischen den Säulen im ersten Abschnitt gelangt man in den Umgang. Die rechteckigen Nischen über diesen Bogen waren wohl als Grabstätten der Könige vorgesehen (wurden aber geschlossen und mit *Papstgemälden* versehen, gemalt von Atanasio Bocanegra und Juan de Sevilla). An den Schäften der zwölf Säulen wurden, 1612, barocke Konsolen angebracht, auf denen die Figuren der *zwölf Apostel* stehen, wohl von Martín de Aranda oder Bernabé de Gaviria geschaffen. Der *hl. Paulus* stammt von Alonso de Mena.

Der zweite Abschnitt ist wiederum unterteilt: Unten stehen sieben Steinaltäre, für die Alonso Cano den Zyklus der *Sieben Freuden Mariä* gemalt hat (*Unbefleckte Empfängnis, Christi Geburt, Mariä Opferung, Inkarnation, Verkündigung, Lichtmeß und Himmelfahrt*). Im oberen Teil sind in den

Hauptbogen und Altarraum.

Zwillingsfenstern vierzehn Glasfenster von Teodoro de Holanda zu sehen, die aus Antwerpen hierher gebracht wurden.

In der Kuppelbasis gibt es zehn Öffnungen, ebenfalls mit Glasfenstern, die allerdings in Spanien von Juan del Campo geschaffen wurden (mit Ausnahme des modernen *Johannes der Täufer*). 1702 sollten Lucas Jordán und Antonio Palomino die Kuppel mit einem Glorienbild versehen; das Projekt wurde jedoch nie verwirklicht.

Der Marienzyklus von Cano ist, laut Wethey, „einzigartig in der Geschichte der spanischen Malerei. Es gibt keine andere Gemäldereihe aus jener Zeit, die so homogen ist, obwohl zehn Jahre daran gemalt wurde“. Canos Gemälde wetteifern mit der doppelten Fensterreihe in plastischer Stärke, Licht und Farbe.

In der Mitte der Altarkapelle steht seit 1929 ein *Tabernakel* aus getriebenem Silber auf einem Fundament aus Serpentinstein mit Silberreliefs, ein Werk von Navas Parejo und Stiftung von Herzog San Pedro de Galatino. (Diego de Siloé hatte hier einen Altar unter einen großen, zierlichen, von ihm selbst gestalteten und vergoldeten Baldachin gestellt, wodurch die Kapelle transparenter wirkte.)

Der Altarraum ist, obwohl in sich geschlossen, dem Rest des Bauwerkes gegenüber geöffnet. Sieben große, weite Bogen stellen nach hinten die Verbindung zum Umgang her. Gegenüber jedem Bogen befindet sich eine der größeren Radialkapellen, während die kleineren auf der Höhe der Pfeiler und Strebebogen liegen, die ihrerseits durch ihre Wölbung einen Durchgang bilden. Die andere Hälfte des Rundbaus blickt auf den Raum der Basilika: Zwei Säulen auf jeder Seite wurden so weit zusammengerückt, dass der Bogen verschwunden ist, und die nächsten beiden hat man so weit auseinander gesetzt, dass die entstandene Öffnung einen großen Bogen in der Verlängerung des Langschiffes bildet.

In den Zwischenräumen der unterdrückten Bogen stehen in hohen Nischen die Figuren des *hl. Franziskus von Asis, San Francisco Javier, San Pedro de Alcántara, Santo Domingo de Guzmán, San Ignacio de Loyola und San Juan de Dios*, die der Kathedrale von den entsprechenden Orden gestiftet wurden. Die Renaissancegewölbe des Wandelganges oder Chorumganges um den Rundbau kontrastieren mit den Rippengewölben der größeren und kleineren Radialkapellen. Die 22 Glasfenster in der Mauer über den Bogen zu den Kapellen sind ebenfalls Werke von Teodoro de Holanda und Juan del Campo. In den Nischen des Chorumganges stehen Figuren eines ehemaligen Altars und auf den Säulen befinden sich *Kreuzwegstationen*, bestehend aus großen griechischen Kreuzen, ein modernes Werk von Navas Parejo.

B. *Hauptbogen und Querschiff*

Die einzigartige Dreieraufteilung der Säulen in der Rotunde bildet die mächtigen „Torpfeiler“ des Bogens, der die Altarkapelle mit der Basilika verbindet. Dieser beeindruckende Torbogen mit 32m Höhe und 12m Breite hat die Eigenart, dass seine Laibung nach oben hin sichtlich enger wird, um sich der Rundung der Kuppel anzupassen. In der Bogenlaibung, über kleinen Balkonen, sind die (für Grabkapellen typischen) *Orantenstatuen* des *Königspaares Isabella und Ferdinand* angebracht, die Pedro de Mena Ende des XVII. Jh. schuf, und damit die von Kaiser Karl V.

Navas Parejo: Tabernakel aus getriebenem Silber am Hauptalter im Altarraum.

S. NACIANCENV
S. ATANASIVS
EGORIVS
S. AMBROSIV
S. HIERONIMVS

Cuadros
Mora
Molduras

AVEMARIA

und seiner Gemahlin ersetzte, die in dieser Kapelle beerdigt werden sollten. Weiter oben erscheinen in Rundbildern die Büsten *Adam und Eva*, von Alonso Cano. Ganz oben, wo der Bogen beginnt, sieht man zwei Gemälde: Der *hl. Cäcilius* und der *hl. Jakob*, von José Risueño. Von der Decke hängen zwei Silberleuchter, die von Alonso Cano entworfen und von dem Silberschmied Diego Cervantes (1563-64) ausgearbeitet worden sind. An den Bogenecken wurden zwei *Marmorkanzeln*, von Francisco Hurtado Izquierdo (1713-1717) aufgestellt. Die Bildhauerarbeiten daran verdanken wir Duque Cornejo.

Zu beiden Seiten des großen Bogens, wo die ersten Seitenschiffe enden, stehen zwei Altäre, für deren Retabel (ähnlich vergoldet wie die der Altarkapelle) die Bogen genutzt wurden. Das rechte zeigt ein großes Gemälde mit *der Erscheinung Mariens vor dem hl. Bernhard*, von Atanasio Bocanegra, und darüber, ein *Wunder des hl. Benito*, von Juan de Sevilla; das linke, ein Gemälde mit der *Geißelung*, von Sevilla; und darüber, einen *hl. Cäcilius*, von Bocanegra.

C. *Basilika*

Die Basilika besteht aus fünf Schiffen und äußeren Seitenkapellen, im Anschluss an jene im Rundbau um die Altarkapelle. Dieser nach Siloés Tod erbaute Bereich weicht von dessen Plänen ab. Im Gegensatz zu den Gewölben im Chorumgang zog man hier Rippengewölbe ein, und die geplante Kuppel wurde nicht ausgeführt. Im breiteren Mittelschiff wurde 1620 der Domherrenchor („Coro") errichtet und zu seinen beiden Seiten, zwischen zwei Säulen, die von Francisco Llops geschaffenen *Orgeln* angebracht. Diese ersetzte man 1749 durch die heutigen, von Leonardo Dávila. Mitte des XVII. Jh. entstand als Begräbnisstätte eine Krypta unter dem „Coro" (dort ist, neben Bischöfen und Domherren, auch Mariana Pineda bestattet). Zwischen 1734 und 1741 schuf José de Bada für den „Trascoro", den Bereich hinter dem Chor, einen Altar aus rotem Marmor.

Der „Coro", eine Kirche nur für die Domherren, mitten im Mittelschiff, war ein Hindernis für die ursprüngliche Transparenz in diesem Bereich. Daher, und da das Gestühl nicht besonders wertvoll war, verlegte man ihn 1929 in die Altarkapelle und ließ das Mittelschiff frei. Die Kathedrale gewann damit an Weite und Funktionalität für den Gottesdienst.

D. *Portale und Seitenkapellen*

1. Portal und Fuß des Turmes (Museum). Das Portal wurde 1665 von Juan de Maeda geschaffen. Über dem Bogen sind als Relief *Klugheit und Gerechtigkeit* dargestellt, begleitet von zwei Kindern, die eine Schrifttafel halten. In der Mitte darüber zeigt ein Hochrelief von Diego Pesquera (1565) die *Barmherzigkeit*.

Durch dieses Portal gelangt man in das Erdgeschoß im Fuß des Turmes. Von 1713 bis 1928 wurde es als Kapitelsaal genutzt. Darin ist provisorisch das Kathedralenmuseum untergebracht; eine komplexe Sammlung mit Goldschmiedearbeiten, Skulpturen, Gemälden und liturgischen Ornamenten, darunter auch sehr wertvolle Stücke.

2. Capilla de la Virgen del Pilar. Sie wurde zwischen 1782 und 1785 für die Bestattung

Juan de Maeda: Turmportal, Zugang zum Museum der Kathedrale.
Vorige Doppelseite: Alonso Cano: Hauptfassade der Kathedrale bei nächtlicher Beleuchtung.

Museo

von Erzbischof Antonio Jorge y Galban dekoriert.

Das mittlere Altarbild, zwischen Säulen aus Marmor und Bronze, zeigt ein Relief aus weißem Marmor mit der *Erscheinung Mariens vor dem hl. Jakob*, ein Werk von Juan Adán. Oben, in einem gesprengten Giebel, halten Engel ein Bischofskreuz. Zu beiden Seiten, auf Kredenzen, weitere Marmorreliefs von Juan Adán: *Hl. Hieronymus und hl. Isidor*.

Links, ein Marmoraltar mit einer Figur des *hl. Antonius*, auch von Juan Adán. Und rechts steht der Sarkophag und die *Orantenstatue von Erzbischof Jorge*.

3. Puerta de San Jerónimo. Dieser Zugang wurde geschlossen, um daraus eine kleine Sakristei zu machen. Heute ist es eine Kapelle mit einem *Gekreuzigten*, von Pablo de Rojas, und anderen Figuren und Bildern.

4. Capilla de Nuestra Señora del Carmen. In der Mitte steht ein Barockaltar, der angefertigt wurde, um verschiedene Figuren aus dem Konvent del Carmen aufzunehmen: Auf dem Tisch, eine Urne mit dem Totenbild der *hl. Casilda* (aus dem Kreis um Torcuato Ruiz del Peral); in der Mitte, die Ankleidefigur *Virgen del Carmen*, die José de Mora zugeschrieben wird; rechts, *San Simón Stock*; und links, ein *hl. Elias*, von Pedro de Mena. Über der Hauptfigur steht ein Behälter mit Reliquien aus der Passionsgeschichte.

Zu beiden Seiten des Altars stehen auf Konsolen *Santa Teresa* und *San Juan de la Cruz*.

Auf den seitlichen Marmoraltären sind zwei große 1770 von Luis Sanz gemalte Bilder zu sehen: links, der *hl. Antonius*, und rechts, *San Pedro de Alcántara*.

5. Capilla de Nuestra Señora de las Angustias. Hier steht der von José de Bada zwischen 1737 und 1741 für den „Trascoro" geschaffene Altar, aus rotem Marmor mit Einlagen aus verschiedenen anders farbigen Marmorarten. Ihn dominiert die Pietà *Virgen de las Angustias* aus grauem und weißem Marmor; ihr zu Füßen sitzen zwei weinende Engelchen. In den anderen Nischen, die Bischofsfiguren, *San Cecilio, San Gregorio Bético, Santo Tomás de Villanueva* und *San Pedro Pascual*. Ihr Schöpfer war Agustín Vera Moreno.

Seitlich links steht ein *hl. Sebastian* und rechts, *San Luis, Bischof von Tolosa*. Über ihm hängt ein Gemälde, *Christus der Retter*, von Risueño.

Die Kapelle erhält diffuses Licht durch drei moderne Glasfenster (in der Mitte *Mariä Himmelfahrt)*.

6. Puerta del Perdón (siehe Seite 28)

7. Capilla de Nuestra Señora de la Antigua, mit einem barocken Altar, der von Erzbischof Martín Ascargorta 1716 in Auftrag gegeben und zwei Jahre später nach einem Entwurf von Pedro Duque Cornejo beendet wurde. In einer großen Mittelnische, unter einem Baldachin aus geschlichteten Stoffen, befindet sich eine deutsche Skulptur aus dem XV. Jh., die *Muttergottes mit dem Kind in den Armen*. Daneben stehen die Figuren des *hl. Cäcilius* und *San Gregorio Bético*. Im unteren Teil sind vier kleine Gemälde zu sehen (*Geburt Christi, Verkündigung an die Hirten, Mariä Heimsuchung und Himmelfahrt*), und einige Hochreliefs mit *Szenen aus dem Leben Mariens*. Die Reliefs oben stellen die *Vier Evangelisten* dar, und darüber sind, als

Kapelle Nuestra Señora de las Angustias.

NUESTRA SEÑORA
DE LAS
ANGUSTIAS

Abschluss, die *Erzengel Michael*, in der Mitte, und *Raphael* und *Gabriel*, zu den Seiten, zu sehen. Der Hintergrund dieser drei Figuren besteht aus drei runden in den Altar hineingearbeiteten Fenstern. Auf den äußeren Voluten des Bogens sitzen zwei Kindfiguren.

Seitlich der Kapelle, an den großen Bogen, sind die 1649 von Francisco Alonso Argüello gemalten Porträts der *Katholischen Könige* zu sehen.

8. Capilla de Santa Lucía. Der mittlere Altar stammt von Gaspar Guerrero. Er wird von einem Rundbogen aus Gips, mit zwei Trompetenengeln, eingerahmt. In der Mitte des Altars steht die Figur der *hl. Luzie*, von Alonso de Mena; rechts, von demselben Künstler, ein *hl. Ferdinand*; und links, ein *hl. Rochus* (Rojas-Schule). Den Altar krönt ein halbkreisförmiger Giebel, mit der Figur *Gottvater*.

Die Seitenaltäre sind barocker; auf beiden stehen Vasen voller Lilien. Im rechten Altar, eine Figur des *hl. Ludwig*; im linken, des *hl. Francisco de Borja*.

Links neben dem Retabel, die Figur *Christus an der Säule*, ein Werk aus dem XVI. Jh., allerdings sehr restauriert.

9. Capilla del Cristo de las Penas. Hier gibt es ein kleines Altarbild mit einem *Kalvarienberg*, aus dem XVI. Jh., allerdings oft übermalt. Auf dem Sims, ein Relief mit der *Grablegung Christi* und, auf den Voluten, zwei kleine Orantenfiguren. Den krönenden Abschluss bildet ein Giebel über dem Retabel, mit dem *Ewigen Vater*.

Auf einer Konsole, links, steht eine deutsche *Madonna* (XV. Jh.; im XVIII. wurde das Gesicht restauriert). Auf der linken Konsole, ein *Johannes der Täufer* (Kreis um Risueño).

10. Capilla de Santa Teresa. Der Altar wurde von Gaspar Guerrero 1618 für die von den barfüßigen Karmeliten gestiftete Figur der *hl. Teresa* angefertigt, die in der Mitte steht. Die fünf Gemälde des Altars mit Szenen aus dem Leben der Heiligen entstanden zwischen 1620 und 1622 und werden dem Karmelitenbruder Adriano zugeschrieben.

In den Seitenaltären mit gemauerten Rahmen hängen zwei Gemälde von Juan de Sevilla: eine *Unbefleckte Empfängnis*, links, und ein *Schutzengel*, rechts.

11. Capilla de San Blas. Hier steht ein kleiner Barockaltar aus einem Stück, mit einer Art Aufbau. Seine Hauptfigur ist die Skulptur des *hl. Blasius mit einem Kind zu seinen Füßen*, geschaffen von einem Künstler aus dem Kreis um Alonso de Mena. Weiterhin, zwei Bilder von Juan de Sevilla: der *hl. Hieronymus* und der *hl. Onuphrius*.

12. Capilla de San Cecilio. Diese klassizistische Kapelle wurde von Francisco Aguado Ende des XVIII. Jh. entworfen und von Michel de Verdiguier ausgestattet. Weißer Marmor und Bronze lassen ihn kalt und ausdruckslos erscheinen.

Im mittleren Retabel, größer und ausgeschmückter als die Seitenaltäre, steht ein *hl. Cäcilius*, und auf dem Giebel, *San Indalecio*, *San Torcuato* und eine *Darstellung des Glaubens*. Im rechten Seitenaltar, *San Juan de Dios*, und am Giebel, eine *Allegorie der Barmherzigkeit*. Im linken Seitenaltar, ein *San Emigdio*, und

Muttergottes mit Kind in den Armen. *Deutsche Gotik, 15. Jh. Retabel der Kapelle Nuestra Señora de la Antigua.*

auf dem Giebel, eine *Allegorie des Schutzes.* Alle Skulpturen stammen von Michel Verdiguier, ebenso die Engel und Reliefs an den Wänden.

13. Capilla de San Sebastián. In dem barocken Altar sehen wir das große Altarbild mit dem *Martyrium des hl. Sebastian*, von Juan de Sevilla. Darunter steht in einer Nische eine kleine Figur des Heiligen (XVII. Jh.). Seitlich, eine *hl. Barbara* (aus dem Kreis um Risueño) und ein *hl. Rochus* (aus dem Kreis um Pablo de Rojas). An den Wänden, auf Bildsäulen, zwei *Jesuskinder* aus Ton.

14. Capilla de Santa Ana. Dieser Altar aus der Übergangszeit von der Renaissance zum Barock stammt von Gaspar Guerrero (1615).

In der Mitte steht, von Engeln umgeben, die Skulptur der *hl. Anna mit der Jungfrau Maria und dem Kind*, ein Werk Diego Pesqueras. Die acht Gemälde mit Marienthemen schuf Pedro de Raxis.

Links und rechts des Altars hängen zwei Gemälde von Luis de Sanz: der *hl. Christophorus* und der *hl. Johannes von Nepomuk*. Der Schöpfer der Gemälde in den Seitenaltären, *San Félix de Valois* und *San Juan de Mata,* war Atanasio Bocanegra.

15. Puerta del Ecce Homo. (siehe Seite 28)

16. Eingang zur Sakristei und Sakristei. Den Eingang zur Sakristei schuf Diego de Siloé zwischen 1530 und 1534. Der Rundbogen ist eingerahmt von zwei Pilastern mit Balustersäulen, und Trompetenengel schmücken die Ecken darüber. Auf dem mit Grotesken ornamentierten Gesims sehen wir einen *hl. Petrus* und einen *hl. Paulus*; und der Tondo in der Mitte zeigt das Relief *Maria mit dem Kinde*. Die Inschrift darüber besagt (lateinisch): „Dies ist der Ort der liturgischen Gewänder. Lege die Hüllen des alten Mannes ab, Priester, und kleide dich als Christus".

Die Sakristei ist ein bescheidener Bau aus der zweiten Hälfte des XVIII. Jh. Sie ersetzte die frühere provisorische, einem Brand zum Opfer gefallene Sakristei. Im Vorraum dazu stehen 36 Wandschränke aus Nußbaum, für die Garderobe der Pfründner. Unter den Gemälden an den Wänden ist vor allem die *Heilige Familie*, von Juan de Sevilla, zu erwähnen. In der Sakristei hängen über den Nußbaumkommoden acht Spiegel mit vergoldeten Rahmen, aus Frankreich. Am Kopfende, ein herrlicher *Gekreuzigter* (von Martínez Montañés?) und darunter, das Juwel der Kathedrale: die kleine *Unbefleckte Empfängnis*, von Alonso Cano.

Neben der Sakristei gibt es einen kleinen quadratischen Gebetsraum mit einem Gewölbe, das oben in einer achteckigen Laterne endet, mit Gipsverzierungen. Das Retabel darin wurde angefertigt, um ein Gemälde von Canos *Unbefleckter Empfängnis* und die Reliquien der Kathedrale unterzubringen. Form und Technik des Retabels lassen auf Pedro Duque Cornejo als Schöpfer schließen.

17. Retablo de Santiago. Der barocke St.-Jakobs-Altar wurde von Francisco Hurtado Izquierdo entworfen und 1707 von Juan de la Torre angefertigt.

In der Mitte steht auf einer großen Konsole die *Reiterfigur des Apostels Jakob*, ein Werk von Alonso de Mena und Geschenk der Stadt Granada (1640).

Sakristei.

Dahinter, unter einem Altarhimmel, ein kleines *Marienbild*, ein Geschenk von Papst Innozenz VIII. an Königin Isabella I. Seitlich sind die Figuren *San Cecilio*, von José de Mora, und *San Gregorio Bético*, von Diego de Mora, zu sehen.

Oben hängen in ovalen Medaillons Gemälde mit *Santo Tomás de Villanueva* und *San Pedro Pascual*, von José Risueño; und in der Mitte in einer Nische, eine Skulptur der *Unbefleckten Empfängnis*, wohl ebenfalls von Risueño.

Zu Füßen dieses Altars ist Erzbischof Martín de Ascargorta beerdigt; an ihn erinnert die Marmorplatte rechts neben dem Altar.

18. Puerta de la Capilla Real. Der Haupteingang zur Königskapelle wurde von Enrique Egas entworfen und von Jorge Fernández 1527 ausgeführt.

Der Eingang im Stil der Spätgotik besteht aus einem verzierten Rundbogen, an dessen Pfosten die Figuren von *Johannes dem Täufer* und *Johannes dem Evangelisten* stehen (die Heiligen, denen diese Kapelle gewidmet ist, zu Ehren der Väter der Katholischen Majestäten, denn beide hießen Johannes). Sechs kleine *sitzende Apostelfiguren*, auf Tragsteinen, unter kleinen Baldachinen, schmücken die Archivolte. Auf den seitlichen Pilastern, zwei *Herolde* in mit Wappen geschmückten Roben. Über dem Eingang selbst ist das *Wappen der Katholischen Majestäten* zu sehen, und seitlich, ihre Embleme, Joch und Pfeile. Darüber, ein Relief mit der *Anbetung der hl. Drei Könige*; und zu den Seiten, der *hl. Georg* (Schutzheiliger Aragoniens) und der *hl. Jakob* (Schutzheiliger Spaniens). Zu beiden Seiten des Portals, auf den großen Pfeilern direkt daneben, ließ Siloé beeindruckende *Wappen* der Katholischen Majestäten und Kaiser Karls V. anbringen, die von Engeln gehalten werden.

19. Retablo de Jesús Nazareno. Dieser große Altaraufbau in kompliziertem Barockstil wurde von Marcos Fernández 1722 entworfen, von Félix Rodríguez und José Narváez gearbeitet und von Francisco Moreno vergoldet, um darin zehn von Größe und Qualität her sehr unterschiedliche Gemälde unterzubringen. Von Alonso Cano stammt der *Christus, das Kreuz tragend* (das beste), das *Marienbild*, *Christus der Retter* und der *hl. Augustinus*; und von Ribera, *die hll. Antonius, Lorenz, Magdalena, Petrus* und *Paulus als Einsiedler* (das Original wurde 1842 gestohlen). Es ist auch ein *hl. Franziskus von Asis* vorhanden, der – fälschlicherweise – El Greco zugeschrieben wird.

20. Capilla de la Santísima Trinidad. In der Mitte der Dreifaltigkeitskapelle steht ein Altaraufbau aus vergoldetem Holz, der ebenfalls als Rahmen für Gemälde entstanden ist. Auf dem Tisch sind zwei italienische Werke zu sehen, (*Muttergottes mit Kind* und *hl. Antonius*); im ersten Abschnitt, drei Gemälde von Carlos Maratta (*Kreuzabnahme, Tod des hl. Josef, Vermählung der Jungfrau Maria*); im zweiten Abschnitt, ein Entwurf von Alonso Cano (*Hl. Dreifaltigkeit*) und vier Gemälde von Carlos Maratta (zwei *Marienbilder*, eine *Magdalena* und ein *hl. Franziskus*).

Am linken Altarbild, ein Gemälde mit dem *hl. Josef und dem Jesuskind*, eine Kopie von Ribera; rechts, ein *San Francisco de*

Francisco Hurtado Izquierdo: St.-Jakobs-Altar, geschaffen von Juan de la Torre, 1707.

SANTE
JACOBE
ORA PRO NOBIS

Paula, ebenfalls Kopie von Ribera. An den Wänden der Kapelle sind zu sehen: *Heiliges Mahl* (XVI. Jh.), eine flämische Kopie der *Hirtin Gottes*, ein *hl. Petrus* (XVII. Jh.), zwei Füllhörner mit Darstellungen von *Johannes dem Täufer* und *dem hl. Antonius*, eine *Unbefleckten Empfängnis* und eine *Heiligen Familie*. An den Seiten des Altars gibt es außerdem zwei Skulpturen aus polychromem Holz: *Hl. Ludwig als Bischof*, von Pablo de Rojas, und *Hl. Josef mit dem Kind*, aus dem Kreis um Felipe González.

21. Zugang zur Iglesia del Sagrario. Im Eingangsbereich zu dieser Kirche hängen links und rechts neben der Tür *Apostelbilder*. Auf der linken Seite, *Christus mit dem Schweißtuch*, ein bei den Gläubigen sehr beliebtes Bild, und rechts, ein Gemälde mit dem *Nazarener-Jesus*, vor dem schon San Juan de Dios gebetet hat.

22. Capilla de San Miguel. Die Michaelskapelle ist klassizistisch und wurde von Francisco Romero de Aragón zwischen 1804 und 1807 als Grabstätte von Erzbischof Juan Manuel Moscoso (24. Juli 1811) ausgeschmückt.

Das mittlere Retabel beinhaltet, zwischen gedrehten Säulen mit Bronzesockeln und -kapitellen (bearbeitet von Narciso Miguel Bueno), ein Relief des *Erzengels Michael* aus weißem Marmor, von Juan Adán. Darüber, eine *Dreifaltigkeit*, von Manuel González.

Das Retabel, rechts, aus weißem Marmor, von Schlangensäulen flankiert, umrahmt eine *Schmerzensreiche Madonna*, gemalt von Alonso Cano. Das Grabmal von Erzbischof Moscoso, links, wurde von Jaime Folch aus weißem Marmor gearbeitet. Das *Marienbild* über dem Grabmal ist Sevillanische Schule. Die Freskomalereien an den Wänden und im Gewölbe hat Vicente Plaza de Loya ausgeführt.

23. Puerta del Cotarro. Dieses 1699 entstandene Portal gleicht in Struktur und Ausmaßen dem Turmportal.

Die Kathedrale von außen

Ostfassade

Es ist die Fassade des Chorabschlusses. Da die Straße sehr eng ist, kann man ihren imposanten Bau gar nicht richtig würdigen.

In dieser Fassade gibt es eine kleine Pforte, die **Ecce-Homo-Pforte**, entworfen von Siloé und 1530 ausgeführt von Sancho del Cerro. Man nennt sie auch „Schulpforte", da man von hier aus zu einem Seminar kam, das zum Domkapitel gehörte.

Nordfassade

Hier gibt es zwei Zugänge, die Puerta del Perdón (Gnadenpforte) und die Puerta de San Jerónimo.

Die **Puerta del Perdón** weist vier Teilabschnitte aus verschiedenen Epochen auf. Der erste, ein Meisterwerk Siloés, wurde 1537 beendet. Er besteht aus einem von zwei kannelierten, auf hohen Sockeln stehenden Säulen flankierten Bogen, dessen Pfosten, Laibung und Stirnseite im Platerostil dekoriert sind. Über dem Bogen erscheinen die bereits erwähnten Figuren, *Glaube* und *Gerechtigkeit*, eine Schrifttafel haltend. An den seitlichen Widerlagern halten Engel zwei große *Wappen*: das der

Diego de Siloé und Ambrosio Vico: Puerta del Perdón (1537-1616).

Katholischen Majestäten (links) und das *Karls V.* (rechts). Der zweite Abschnitt wurde 1616 von Ambrosio Vico geschaffen und ähnelt im Bauschema dem ersten, ist jedoch weniger ausgeschmückt. In der Mitte des Bogens erscheint *Gott Vater* als Relief, über dem Bogen *König David* (links) und der *Prophet Jeremias* (rechts), die wohl von Martín de Aranda stammen. Die für das Zentrum vorgesehene *Inkarnation* kam nicht zustande.

Die **Hieronymuspforte** besteht aus zwei Teilabschnitten. Der untere, von Siloé (1532), ist ein Bogen mit Pilastern korinthischer Ordnung, die mit plateresken Motiven dekoriert sind; in den Ecken, runde Reliefbilder und eine einfache Schrifttafel darüber. Maeda folgte mit dem zweiten Abschnitt im allgemeinen dem vorgegebenen Schema. In der Nische befindet sich ein Relief mit dem *büßenden hl. Hieronymus*, wohl von Diego de Pesquera. Darüber zwei anthropomorphe Figuren und zwei Vasen mit Lilien. Und darüber, eine von Engeln gehaltene Schrifttafel, mit der Jahreszahl 1639.

Der **Turm** besteht aus drei Abschnitten. (Der vierte, achteckige, mußte 1590, kurz nach seinem Bau, gleich wieder abgetragen werden, da er die gesamte Struktur gefährdete.) Der erste Abschnitt stammt von Siloé. Vico verzierte die Wände hinter den Bogen des zweiten Abschnittes.

Die Drillingsöffnungen im Glockenturm dürften von Asensio de Maeda entworfen worden sein. Im Turm hängen 16 Glocken.

Westfassade. Hauptfassade

Diese von Alonso Cano entworfene und von José Granados erbaute Fassade ersetzte die von Siloé vorgesehene, mit Zwillingstürmen daneben. Es handelt sich um einen gewaltigen Triumphbogen mit drei Eingängen (der mittlere ist größer und breiter), und zwei Höhenabschnitten, die durch einen einfachen Sims voneinander getrennt sind. Zu Beginn des XVIII. Jh. wurden seitlich des Hauptportals die Skulpturen *Petrus* und *Paulus* aufgestellt (Duque Cornejo zugeschrieben). In dem Tondo über dem Bogen des Portals sehen wir die *Inkarnation* als Hochrelief, von José Risueño (1717). Die anderen Skulpturen: die Statuen auf dem Gesims stellen das *Alte Testament*, das *Neue Testament*, die *Erzengel Michael und Raphael* dar; die Flachreliefs über den seitlichen Türen, *Mariä Heimsuchung* und *Himmelfahrt*, und – als wären es die Kapitelle der Pilaster des ersten Abschnittes – die Medaillons mit Reliefs, die *Evangelisten.* Sie stammen von den Franzosen Michel Verdiguier und seinem Sohn Louis Pierre aus den Jahren 1782 und 1783. In die Rundfenster wurde bemaltes Glas eingesetzt, 1884 im Hause Mayer, München, angefertigt.

Die Fiale, rechts oben, soll einen Kontrapunkt zu dem massiven Turm auf der anderen Seite bilden. Darauf ist die Figur des *Erzengels Michael* zu sehen.

Südfassade

Dahinter liegt die Königskapelle und die Kirche del Sagrario, die von 1705 bis 1759 auf dem Grundstück entstand, wo früher die Moschee gestanden hatte und wo nach deren Abriss eigentlich der Kreuzgang geplant war.

Turm der Kathedrale von der Plaza de Romanilla aus gesehen.

PLASTICOS
Coca-Cola

I.S.B.N.: 84-8003-395-9
Depósito legal: M-43.836-2005
Fotos: © José Barea
© Ignasi Rovira
Herausgabe und produktion: ALDEASA
Text: Miguel López Rodríguez
Übersetzung: Susanne M. J. Hess
Design der Sammlung: A. Ochoa de Zabalegui
Layout: Aldeasa
Koordination: Natalia San Martín González
Fototechnik: Lucam
Druck: G. Jomagar. Móstoles (Madrid)
Vordere Umschlagseite: *Chorabschluss der Kathedrale von außen und Gesprenge der Königskapelle.*
Hintere Umschlagseite : *Alonso Cano: Unbefleckte Empfängnis. Sakristei der Kathedrale.*